RÉPUBLIQUE FRANÇAISE

MINISTÈRE DE L'INTÉRIEUR ET DES CULTES

# SERVICE SANITAIRE MARITIME

## RAPPORT

SUR LES AMÉLIORATIONS A APPORTER

AU FONCTIONNEMENT DU SERVICE

DANS LE PORT DE MARSEILLE ET AU LAZARET DU FRIOUL,

PAR

## M. le Prof. PROUST,

INSPECTEUR GÉNÉRAL DES SERVICES SANITAIRES,

## et M. le Dr P. FAIVRE,

INSPECTEUR DES SERVICES DE LA SANTÉ DANS LES PORTS.

MELUN

IMPRIMERIE ADMINISTRATIVE

M D CCCC II.

*Plans hors texte :*

# RAPPORT

SUR LES

## AMÉLIORATIONS A APPORTER AU FONCTIONNEMENT

## DU SERVICE SANITAIRE

## DANS LE PORT DE MARSEILLE ET AU LAZARET

## DU FRIOUL.

### INTRODUCTION.

#### *Incidents du Laos et du Sénégal.*

Le dimanche 7 juillet dernier, arrivait au lazaret du Frioul, avec 317 passagers et 241 hommes d'équipage, le paquebot *Laos*, de la Compagnie des Messageries maritimes, en provenance de la Chine et du Japon. A Suez, le navire avait débarqué 3 matelots, dont 2 chauffeurs arabes ultérieurement reconnus atteints de peste. Au moment de l'arrivée au Frioul, 14 chauffeurs étaient également atteints; 3 autres l'ont été ensuite, et sur ces 17 malades, 5 sont morts.

C'est le lundi 8 seulement, à la première heure, qu'ont pu être débarqués, d'abord les malades immédiatement isolés à l'hôpital de Ratoneau, ensuite les passagers, au nombre de 81 pour la première classe, 159 pour la seconde, 177 pour la troisième. Ils sont donc restés pendant toute la journée du 7 à bord du navire infecté.

Ce fait a donné lieu à des plaintes très vives. Étaient-elles justifiées? *En principe, oui* : un lazaret devrait toujours être prêt à recevoir des passagers, surtout lorsque l'autorité sanitaire a été prévenue au moins vingt-quatre heures à l'avance de l'arrivée du navire. *En fait, non* : parce que la direction de la Santé, bien qu'informée le 3 juillet du débarquement à Suez d'un chauffeur suspect de peste, et ayant eu dans l'après-midi du 5 confirmation de ce cas, n'a pas connu, avant l'entrée du *Laos* dans le port du Frioul, l'état sanitaire véritable du navire. Les communications adressées du bord aux sémaphores rencontrés en route avaient été mal comprises ou mal transmises, et le service de Marseille a ignoré, jusqu'au dernier moment, à quels besoins il aurait à faire face. Il s'est donc trouvé dans l'obligation d'assurer, d'une façon immédiate et un dimanche (jour de chômage où le recrutement d'un personnel auxiliaire est particulièrement laborieux), l'installation et l'alimentation de 317 passagers, l'isolement et le traitement de 14 malades et l'isolement de 56 chauffeurs arabes dont l'équipage se refusait à supporter plus longtemps la présence à bord du navire. On verra par l'étude que nous ferons plus loin du lazaret du Frioul combien étaient nombreuses les difficultés auxquelles le service avait à faire face.

Le débarquement s'est effectué dans la plus grande confusion; les passagers se sont précipités dans les pavillons, qu'ils ont littéralement envahis et où ils se sont installés comme en pays conquis. Ils sont, en grande partie, responsables de ce désordre dont plusieurs d'entre eux se sont plaints. Effrayés par le danger couru, irrités contre la Compagnie des Messageries, à laquelle ils imputaient un retard de plusieurs jours, et contre le service sanitaire, auquel ils reprochaient de ne pas les avoir débarqués dès la veille, ils se sont montrés, en général, indisciplinés.

Cet état d'esprit des passagers ne semble pas s'être modifié durant toute la période d'isolement. Il faut convenir que les plaintes dont la presse s'est faite l'écho n'étaient pas toutes sans fondement. Le service du restaurant, notamment, a laissé beaucoup à désirer. Cependant, disons-le de suite, il y avait une distinction à établir entre le personnel sanitaire et les moyens dont il disposait, et cette distinction n'a pas été suffisamment faite. Loin de nier les défectuosités du lazaret du Frioul, nous nous proposons de les exposer dans ce rapport aussi complètement que possible. Mais il serait injuste de les imputer aux agents du service, alors qu'elles résultent, pour une grande part, de l'insuffisance numérique de ces agents et de l'existence de conditions matérielles dont ils ne sauraient, non plus, être rendus responsables.

Après l'épidémie du *Laos*, celle du *Sénégal* (1) est venue souli-

---

(1) Les questions relatives à l'isolement du *Sénégal* ont été l'objet de communications trop importantes pour qu'il soit nécessaire d'en parler ici.

gner de nouveau les points faibles de l'organisation sanitaire de Marseille. Bien que l'isolement du *Sénégal* ait donné lieu également à des critiques imméritées, nous n'aurons garde de déplorer des événements qui seront en somme profitables s'ils ont pour résultat l'amélioration de nos services.

On ne manquera pas d'objecter que, connaissant les dangers auxquels la santé publique est exposée, l'administration aurait dû mieux encore se prémunir. Les nombreuses instructions, circulaires et rapports émanés du ministère de l'intérieur, les installations faites dans les ports au cours des années dernières, sont là pour attester que l'administration a su prévoir. Ce fait qu'aucun cas de peste n'a encore été constaté en France est bien aussi, on en conviendra, un témoignage de l'utilité de ses efforts. Mais c'est seulement dans la pratique que se montrent les imperfections d'une organisation, si satisfaisante qu'elle paraisse, et, jusqu'ici, l'expérience avait à peu près fait défaut.

De 1891 à 1900, c'est-à-dire pendant une période de dix ans, 8 navires seulement avaient débarqué leurs passagers au Frioul, cinq fois pour la fièvre jaune, deux fois pour le choléra, une fois seulement pour la peste. La durée totale de ces isolements avait été de quarante-neuf jours, soit cinq jours par an en moyenne, et le nombre des passagers isolés avait été de 1.844, dont 119 pour la première classe, 156 pour la seconde, et 1.569 pour la troisième, ce qui fait une moyenne annuelle de 12, 15 et 157 passagers de chacune de ces catégories.

Il était donc permis de supposer que le lazaret était, au point de vue des bâtiments du moins, largement suffisant pour répondre à tous les besoins. Or, depuis cinq mois, au contraire, 12 navires infectés ont dû se rendre au Frioul et 10 d'entre eux y ont débarqué des passagers ou des matelots : les passagers, seuls, étaient, pour le *Laos*, au nombre de 317, pour le *Sénégal*, de 174, pour l'*Équateur*, de 144 et pour le *Pei-Ho* de 69. Depuis ce temps, aussi, l'hôpital de Ratoneau a été occupé, presque sans interruption, par des pesteux.

Ce sont des conditions nouvelles, et des moins rassurantes pour l'avenir. Nous serions sans excuse si nous ne faisions notre profit de cet avertissement rigoureux, maintenant surtout que nous connaissons mieux les modes de propagation de la peste et les mesures à lui opposer.

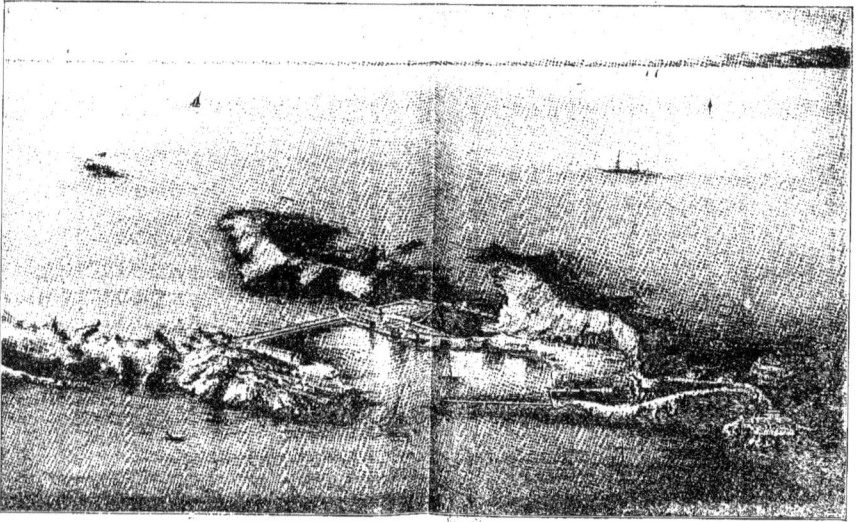

VUE D'ENSEMBLE DU LAZARET DES ILES DU FRIOUL

Dans l'étude à laquelle nous allons procéder au sujet du service sanitaire de Marseille, nous examinerons successivement :

Le fonctionnement du service au Frioul ;

Le fonctionnement du service à Marseille ;

Les dispositions prises à Marseille par la municipalité.

Nous rappellerons, au cours de ce travail, les critiques formulées, et, après avoir signalé les améliorations à apporter, nous indiquerons les moyens qui nous paraissent les plus propres à les réaliser.

## PREMIÈRE PARTIE

### LE SERVICE SANITAIRE AU FRIOUL.

Les navires venant de pays contaminés ou arrivant dans des conditions sanitaires douteuses sont tenus de s'arrêter aux îles du Frioul.

S'ils sont indemnes ou seulement suspects, ils sont l'objet d'une visite médicale et de mesures de désinfection plus ou moins rigoureuses, à la suite desquelles ils continuent leur route sur Marseille; les passagers reçoivent, s'il y a lieu, des passeports sanitaires. Si les navires sont infectés, ils sont retenus au lazaret. Cet établissement a donc une *double destination* et le personnel qui y est attaché doit assurer un *double service*.

Nous allons envisager la question à chacun de ces deux points de vue, et étudier le Frioul en tant que *lazaret*, et en tant que *station de désinfection*.

Nous nous occuperons en troisième lieu du personnel.

### CHAP. I. — LE FRIOUL ENVISAGÉ COMME LAZARET.

Le lazaret du Frioul se compose de trois parties principales :

1º Les bâtiments destinés à l'administration et aux passagers ;

2º L'hôpital de Ratoneau ;

3º Le service de la désinfection.

*1° Bâtiments destinés à l'administration et aux passagers.*

*Bâtiment de l'administration.* — Construit en 1887, il se compose de deux pavillons comprenant des appartements pour le directeur, les médecins, le capitaine du lazaret et le concierge, des parloirs vastes et bien disposés, un corps de garde, quelques chambres pour les gendarmes chargés de la police et un bureau pour l'arraisonnement. Bien situés, bien distribués, en bon état d'entretien, ces bâtiments suffisent aux besoins de la partie du service qu'ils abritent.

*Pavillon Fauvel.* — Affecté aux passagers de 1re classe, ce pavillon comprend 60 chambres, dont 56 à un lit et 4 à deux lits. Elles sont situées symétriquement de chaque côté des couloirs qui partagent, au rez-de-chaussée et au 1er étage, le bâtiment dans sa longueur. Les pièces sont de dimensions convenables et bien éclairées. Comme les fenêtres sont dépourvues de rideaux, les personnes logées au rez-de-chaussée sont très insuffisamment protégées contre les regards indiscrets. On pourrait y remédier en recouvrant d'une couche de peinture les carreaux les moins élevés.

Mobilier. *a)* — *Un lit de fer* avec sommier recouvert de toile, difficile par conséquent à tenir propre et à désinfecter, un matelas de crin et un traversin. En somme, literie de modèle ancien mais suffisante, à la condition que les matelas soient refaits, ce dont ils ont en général grand besoin. Quelques sommiers en très mauvais état devront être remplacés. Il faudrait en profiter pour leur substituer des sommiers métalliques. Les descentes de lit, dont beaucoup en médiocre état, sont conservées au magasin général.

*b).* *Une table de nuit* en bois avec dessus de marbre blanc et un vase de nuit (1). Quelques tables de nuit auraient besoin de réparations.

*c).* *Une toilette* composée d'une petite table en noyer de 60 centimètres, sur 40 environ, avec un tiroir supportant une vilaine petite cuvette et un pot à eau minuscule, une carafe et un verre.

---

(1) On s'est plaint, lors de la quarantaine du *Laos*, que des vases de nuit contenaient encore des traces d'un usage antérieur. Dans un cas, au moins, le fait est exact mais justifiait-il les récriminations auxquelles il a donné lieu?

Sous la table, un broc et un seau en zinc, peints. Ces toilettes sont absolument insuffisantes et ne répondent aucunement aux besoins, non de confort, mais de propreté élémentaire, étant donné surtout la catégorie de passagers qui sont appelés à les utiliser. Il est indispensable de les remplacer par des toilettes composées d'un piétement en hêtre ou pitchpin, recouvert d'une simple plaque de marbre blanc, avec une grande cuvette et un grand pot à eau en faïence ornée. Les tables actuelles pourraient être utilisées pour les pavillons de 3ᵉ classe, qui en sont absolument dépourvus.

Il faudrait aussi mettre dans chaque chambre un *porte-serviettes*.

d). *Le porte-manteau* en bois, à deux crochets, fixé dans le mur, est également insuffisant. Il faudrait au moins six crochets.

e) *Deux chaises de paille* de couleur.

Dans chaque chambre, il y a une cheminée, surmontée d'une glace, et à côté de laquelle se trouvent une pelle, une pincette et un soufflet. Ces objets inutilisés, qui se rouillent et s'abîment, seraient beaucoup mieux au magasin général, où il serait possible d'en assurer l'entretien.

Les gaines et les parties supérieures des cheminées ont, paraît-il, besoin d'être réparées. On peut en dire autant du revêtement intérieur des chambres; dans beaucoup de pièces, les murs sont dégradés ou portent des traces évidentes de dégâts causés par l'humidité. Il faut probablement en rechercher la cause dans le mauvais état des toitures.

Celles-ci s'abîment d'ailleurs très rapidement sous l'influence de l'air marin, les tuiles subissent une altération particulière qui les rend friables, et le vent, très violent au Frioul, achève de les détériorer. D'où la nécessité de réparations immédiates et fréquentes que la modicité des crédits affectés à l'entretien du matériel a souvent fait négliger.

Il existe au 1ᵉʳ étage un salon avec balcon occupant le centre du bâtiment; ce salon est très médiocrement meublé. On pourrait transformer cette pièce en chambre si la construction de pavillons nouveaux permet l'installation de salles de réunion et de correspondance, ainsi que nous le proposerons plus loin.

L'ÉCLAIRAGE des vestibules et des couloirs est tout à fait insuffisant. Dans les chambres, les passagers disposent d'un chandelier de cuivre; ils se fournissent eux-mêmes de bougies. Cette manière de faire est évidemment la plus propre à empêcher des abus, mais il serait bon que la vente du luminaire fût réglementée.

Les CABINETS D'AISANCE sont au nombre de 4 seulement, soit un pour 16 personnes, ce qui est insuffisant. Il faudrait doubler ce nombre.

Ces cabinets sont à effet d'eau ; il y a deux chasses, l'une volontaire provoquée par le visiteur, l'autre automatique se reproduisant toutes les heures. Un réservoir, situé dans les combles, reçoit l'eau qui y est envoyée au moyen d'une pompe foulante ; quand le pavillon est occupé, le réservoir doit être rempli chaque jour.

Or, cette opération, lorsqu'elle est faite avec de l'eau douce, est extrêmement compliquée ; l'eau, puisée au moyen de seaux dans la citerne située derrière le pavillon, doit être transportée à bras à travers le bâtiment, parce que la conduite qui l'amène dans le réservoir est placée sur la façade, du côté de la mer ; d'où perte de temps considérable pour le personnel.

Lorsqu'on utilise l'eau de mer, on remplit plus aisément le réservoir, mais cette eau détériore les conduites.

L'insuffisance des cabinets d'aisance a motivé des plaintes très fondées.

*Pavillon des services généraux.* — Il se compose d'une partie principale, à un étage, et de deux ailes faisant retour sur l'arrière et ne comprenant qu'un rez-de-chaussée.

Le rez-de-chaussée est occupé par le restaurant, la pharmacie, le magasin général, le logement du télégraphiste et quatre cabines de bains. Deux ou trois de ces cabines dont les baignoires ont été enlevées servent de pièces de débarras. Nous indiquerons plus loin les modifications qui nous paraissent devoir être apportées à l'installation des services généraux.

Le 1er étage, qui n'existe, ainsi que nous l'avons dit, que dans le bâtiment principal, est affecté au logement des passagers de 1re classe. Il comprend 16 chambres à un lit meublées comme celles du pavillon Fauvel, et, aux deux extrémités, deux grandes pièces ayant chacune 4 lits, mais pouvant en contenir bien davantage. Ce sont de véritables dortoirs dont la disposition devrait être modifiée.

Dans trois chambres de ce pavillon, M. le directeur de la Santé a fait, à titre d'essai, vernir les murs au ripolin. Cette expérience a donné de bons résultats, mais le prix de revient de l'opération (150 francs environ par pièce) est élevé.

Au centre du pavillon est un salon non meublé.

Il y a, au 1ᵉʳ étage, 2 cabinets d'aisance, dont un en mauvais état.

Devant le pavillon, sur le bord de la mer, on a construit un petit édicule renfermant 6 cabinets à la turque avec effet d'eau. Le tuyautage a été abîmé par l'eau de mer uniquement employée.

*Pavillon des dames.* — C'est le 3ᵉ pavillon affecté aux passagers de 1ʳᵉ classe : il contient 17 lits. Sa disposition est celle des précédents.

*Pavillon Mélier.* — Ce pavillon destiné aux passagers de seconde classe est situé sur le plateau : il comprend quatre dortoirs de 24 lits chacun, dont deux au rez-de-chaussée et deux au 1ᵉʳ étage, et deux petites pièces situées au centre du 1ᵉʳ étage, où 4 lits sont installés. Le nombre total des lits est donc de 100.

Le MOBILIER de chaque dortoir se compose : de 24 lits en fer avec une paillasse, un matelas et un traversin, le tout assez peu propre en général; de 12 petites tables en sapin, teintées noyer, supportant une grossière petite cuvette et un minuscule pot à eau. Pas de broc, pas de seau, et une toilette seulement pour deux personnes. Pas de tables de nuit, ni de vases; pas de descentes de lit. Telle est l'installation absolument inconfortable des passagers de seconde.

Nous proposerons d'affecter ces dortoirs aux passagers de troisième; mais, même pour ces derniers, l'installation actuelle est trop insuffisante : chacun devrait avoir une table à toilette (1); les pots à eau et les cuvettes devraient être remplacés par de plus grands. Il faudrait aussi un broc et un seau pour deux personnes.

Nous ne demandons, pour les passagers de 3ᵉ classe, ni descentes de lit, ni tables de nuit, mais il faudrait que les cabinets d'aisance fussent en nombre suffisant.

CABINETS D'AISANCE. — Or, ces cabinets, au nombre de 4 seulement, sont disposés de la façon la plus fâcheuse : en raison de l'obliquité des tuyaux de chute, les matières ne tombent pas, et le garde est obligé de procéder, plusieurs fois chaque jour, à un nettoyage

---

(1) Les tables actuelles pourraient être utilisées, et aussi celles du pavillon Fauvel, du pavillon central et du pavillon des dames dont nous avons demandé le remplacement.

aussi difficile que malpropre. Il n'y a que deux tinettes qu'il faut vider très fréquemment. Ces cabinets d'aisance sont à refaire : le nombre devrait en être quadruplé.

*Pavillon Blache.* — C'est la répétition du précédent mais, dans l'un des dortoirs, il y a, au lieu de lits, des planches inclinées, disposées comme dans un corps de garde. Il faudrait faire disparaître ces planches, et modifier l'installation ainsi qu'il vient d'être dit pour le pavillon Mélier.

*Hangars.* — Au nombre de deux, ces hangars fermés, de dimensions inégales, sont censés pouvoir contenir 1.200 hommes. On peut, en tous cas, y loger des émigrants, des soldats ou les équipages des navires. Nous reviendrons plus loin sur l'isolement des soldats et des équipages.

Dans le hangar voisin du pavillon des dames on a placé une étuve fixe à désinfection.

*Infirmerie de Pomègues.* — Nous ne parlerons que pour mémoire de ce bâtiment situé dans l'île de Pomègues, très loin de toutes les autres constructions. Il se compose au rez-de-chaussée de deux grandes pièces, d'une pharmacie et d'une salle de bain, et de dix chambres au 1er étage. En raison de son éloignement et du mauvais état dans lequel il se trouve, ce bâtiment, vestige de l'ancien lazaret, ne saurait être utilisé.

### 2° Améliorations proposées (1).

*Logement des passagers.* — Nous venons de voir que les trois pavillons affectés, en tout ou en partie, aux passagers de 1re classe comprennent :

| | | |
|---|---|---|
| Le pavillon Fauvel | ........................ | 64 lits. |
| — des services généraux | ............ | 24 — |
| — des dames | .................... | 17 — |
| | | 105 lits. |

(1) Des améliorations de détail, sur lesquelles nous ne reviendrons pas, ont été indiquées précédemment.

que les deux pavillons affectés indivisément aux passagers de 2ᵉ et de 3ᵉ classe comprennent:

| | |
|---|---|
| Le pavillon Mélier . . . . . . . . . . . . . . . . . . . . . . | 100 lits. |
| — Blache (en comptant comme lits l'installation en planches dont nous avons parlé). | 100 — |
| | 200 lits. |
| Soit au total . . . . . . . . . . . . . . . | 305 lits. |

C'est insuffisant. Il y avait sur le *Laos* 317 passagers, et l'on peut avoir à isoler un nombre de personnes beaucoup plus considérable, même en se plaçant dans l'hypothèse d'une seule quarantaine. Or, il peut arriver en même temps au Frioul plusieurs bâtiments contaminés. Il peut se faire également que l'on ait à recevoir des personnes atteintes d'affections non contagieuses. Elles ne sauraient être envoyées à l'hôpital Ratoneau réservé aux maladies transmissibles, et l'infirmerie de Pomègues, outre qu'elle est en mauvais état, est bien éloignée des autres parties du service. Il faudrait pouvoir disposer au Frioul même de quelques lits.

Nous estimons donc (et sans envisager des éventualités tout à fait exceptionnelles) qu'il devrait y avoir au lazaret:

| | |
|---|---|
| Pour les passagers de 1ʳᵉ classe . . . . . . . . . . . | 140 lits. |
| — — 2ᵉ . . . . . . . . . . . | 140 — |
| — — 3ᵉ . . . . . . . . . . . | 200 — |
| — malades non contagieux . . . . . . . . . . . | 20 — |
| Soit au total . . . . . . . . . . . . | 500 lits. |

Examinons comment il serait possible de réaliser ce *desideratum*.

Les pavillons Mélier et Blache, qui contiennent ou peuvent contenir chacun 100 lits, devraient, en raison de leur division en dortoirs, être attribués aux passagers de 3ᵉ classe (1).

Aux passagers de seconde nous proposons d'affecter les 64 lits du pavillon Fauvel et le pavillon tout entier des services généraux.

---

(1) Si plus tard il paraissait nécessaire d'augmenter encore le nombre des lits affectés à ces passagers, un troisième pavillon pourrait être élevé entre les deux premiers et un peu en arrière. Cette construction, en même temps qu'elle aurait l'avantage de réunir sur le plateau tous les passagers de 3ᵉ classe, permettrait de recueillir une plus grande quantité d'eau en vue de l'alimentation d'une citerne nouvelle qui serait placée sur ce point élevé.

Par une utilisation meilleure des deux grandes pièces situées aux extrémités du 1<sup>er</sup> étage, on pourrait aisément porter de 24 à 3o le nombre des lits qui s'y trouvent déjà. La transformation en chambres du salon et des locaux du rez-de-chaussée occupés actuellement par les services généraux permettrait d'y placer les 46 lits nécessaires pour compléter le chiffre de 140 qui nous paraît indispensable. L'installation des chambres pourrait être améliorée suivant les indications données plus haut, une partie du mobilier actuel étant utilisée pour les passagers de 3<sup>e</sup> classe.

Quant aux passagers de première, ils bénéficieraient des constructions nouvelles dont la nécessité s'impose et dans l'aménagement desquelles il faudrait apporter non du luxe mais un certain confort auquel sont habituées les personnes à qui on les destine. Sur le vaste terrain qui sépare le pavillon Fauvel de celui de l'administration, on éleverait, en bordure sur la mer, deux bâtiments contenant ensemble 140 lits, mais qui pourraient être de dimensions inégales. Cette disposition, commode pour les besoins du service, serait également favorable à l'aspect architectural, puisque nous prévoyons (nous en parlerons plus loin) la construction d'un troisième bâtiment qui contiendrait le restaurant et ferait le pendant du plus petit des deux pavillons d'habitation. On éviterait ainsi de donner à ces constructions un aspect sévère, et les hôtes de passage que les nécessités de la défense sanitaire amènent au lazaret n'éprouveraient pas en débarquant l'impression de crainte et de tristesse à laquelle les prédispose leur réclusion forcée et qui se traduit si souvent en récriminations excusables peut-être mais à coup sûr fâcheuses.

Le pavillon des dames, situé près des hangars, loin des autres pavillons de 1<sup>re</sup> classe, pourrait être réservé aux malades non contagieux. Quelques pièces de ce pavillon pourraient être également affectées aux officiers des navires contaminés qui ne prendraient pas part aux opérations de désinfection. Ils seraient ainsi à proximité des hommes de l'équipage logés sous les hangars (1), condition favorable à la surveillance de ces matelots.

*Restaurants.* — La question de l'alimentation des quarantenaires est une des plus importantes que l'administration ait à

___

(1) Cette question sera examinée plus loin ainsi que celle du logement des soldats.

examiner, car elle a soulevé, notamment pendant l'isolement du *Laos*, des réclamations aussi nombreuses que justifiées.

Le restaurant, situé, ainsi que nous l'avons dit, dans l'aile droite du pavillon des services généraux, comprend une cuisine, une cantine pour la 3ᵉ classe, et deux salles à manger, l'une très petite pour la seconde classe, l'autre plus grande pour la première. On a construit ultérieurement en annexe un bâtiment rectangulaire, sans étage, pour les ouvriers et auxiliaires. C'est là que les 174 passagers du *Sénégal* avaient demandé à prendre leurs repas, afin de se trouver réunis.

Nous examinerons, plus loin, comment pourrait être assuré, au point de vue du personnel, le service de l'alimentation. Quant à l'installation matérielle, celle qui existe actuellement est aussi insuffisante que possible, et il y a urgence à la modifier. Voici ce que nous proposons :

En raison de la superficie considérable du lazaret, de la répugnance qu'éprouvent les quarantenaires à se trouver mêlés à ceux des classes inférieures à la leur, en raison aussi des différences de régime prévues suivant les diverses catégories de passagers, il semble que l'aménagement d'un restaurant unique, même de dimensions suffisantes, ne présenterait pas d'avantages. Si nos propositions relatives à l'affectation des locaux existants et à la construction de pavillons nouveaux étaient adoptées, on pourrait installer sur le plateau un restaurant pour les passagers de 3ᵉ classe et un autre sur l'esplanade pour les passagers de seconde et de première.

Placé entre le pavillon Fauvel utilisé désormais pour les passagers de seconde, et les nouveaux pavillons de 1ʳᵉ classe, ce restaurant serait divisé en deux parties affectées à chacune de ces catégories de quarantenaires et ayant deux entrées distinctes. La cuisine et ses dépendances situées en arrière du bâtiment seraient communes. Cette construction présentant, ainsi que nous l'avons dit, le même aspect architectural que les hôtelleries de première, aurait, comme celles-ci, sa façade du côté de la mer, ce qui donnerait aux salles à manger et aux deux salles de réunion et de correspondance que nous proposons d'y adjoindre plus de lumière et de gaîté.

Le restaurant de la 3ᵉ classe serait confortable mais plus simple. La cuisine aurait des dimensions suffisantes pour que l'on puisse y préparer la nourriture non seulement des 200 passagers logés sur le plateau, mais aussi des hommes installés sous les hangars situés au-dessous. Les salles à manger seraient au nombre de trois pour les hommes et une pour les femmes. Elles serviraient en même temps de salles de réunion.

On ne manquera pas d'objecter, et avec beaucoup de raison, que si la présence simultanée au lazaret d'un grand nombre de passagers justifie de nouvelles et onéreuses constructions, il se présentera des cas, probablement plus fréquents, où un seul restaurant sera très suffisant, en dépit des inconvénients que nous signalions plus haut (distance, mélange des classes, différence des régimes, etc.). Nous sommes les premiers à reconnaître qu'on ne saurait, par exemple pour 20 passagers de classes différentes, ouvrir les deux restaurants. Dans ce cas, la direction du service sanitaire, qui resterait en toutes circonstances juge des dispositions à prendre, n'en ouvrirait qu'un seul ou plus exactement inviterait les quarantenaires à prendre leurs repas à celui des restaurants qui fonctionne en permanence pour les besoins du service. Ce serait, dans le cas où on adopterait nos propositions, le restaurant des premières et secondes, dont la situation serait relativement centrale et auquel serait annexée, en arrière, près de la cuisine, une vaste cantine.

L'existence de deux restaurants n'en présenterait pas moins des avantages appréciables au cas ou deux quarantaines simultanées viendraient à se produire : on pourrait alors affecter chaque restaurant non à une classe de passagers, mais à une catégorie de quarantenaires. Cela supposerait un isolement relatif de ces établissements, qui devraient être d'un accès facile, et leur division en un certain nombre de salles pouvant être affectées aux passagers des diverses classes. La création d'un *chemin de ronde*, dont nous parlerons plus loin, permettrait la réalisation du premier de ces *desiderata*.

*Services généraux.* — L'affectation aux passagers de seconde classe du rez-de-chaussée du bâtiment actuellement occupé par les services généraux rendrait nécessaire l'édification d'un nouveau pavillon mieux approprié à cet usage et où l'on accéderait facilement par le chemin de ronde. Ce pavillon, qui pourrait être placé en arrière du restaurant des premières et des secondes, abriterait les services suivants :

Magasin général. — Le magasin général devrait comprendre

plusieurs pièces dont les murs seraient garnis du haut en bas de larges étagères. Les dimensions du magasin actuel sont insuffisantes.

LINGERIE. — Nous en dirons autant de la lingerie, dont les réserves devraient être augmentées. C'est ainsi qu'il faudrait pouvoir donner à chaque passager de première une serviette-toilette par jour et non une par semaine comme actuellement. L'entretien du linge et surtout des couvertures en laine est négligé. Il y aurait avantage à remplacer la laine par du molleton de coton, dont la détérioration est moins à craindre.

PHARMACIE ET CABINET DE CONSULTATION. — Le service de la pharmacie était autrefois assuré par un personnel spécial. Ce personnel a été supprimé et on a cessé d'entretenir un approvisionnement de substances médicamenteuses qui se détérioraient sans avoir été utilisées. Il est en effet beaucoup plus simple de faire préparer à Marseille les médicaments nécessaires qui sont rapidement apportés par la chaloupe. Cependant la réforme a été un peu radicale ; sans entretenir une pharmacie et un pharmacien, on peut avoir un approvisionnement de quelques substances usuelles, en petite quantité mais fréquemment renouvelées, et dont un des médecins du service assurerait la distribution. Si cette précaution avait été prise, on aurait évité, au moment de la quarantaine du *Laos*, bien des réclamations.

Pour un dépôt de substances médicamenteuses aussi rudimentaire que celui que nous demandons une seule pièce serait suffisante.

Il faudrait y annexer également un cabinet de consultation pour le médecin assistant les quarantenaires.

TÉLÉGRAPHE. — L'Administration sanitaire utilisant exclusivement pour les besoins du service le téléphone qui relie le lazaret à la direction à Marseille, le télégraphe est presque uniquement réservé à l'usage des passagers ; il doit donc être installé au centre du lazaret et sa place est marquée dans le pavillon des services généraux. Le bureau du télégraphe doit être accessible à tous les passagers. Le local doit comprendre, en outre du bureau proprement dit, une chambre à coucher pour le garde chargé de ce service ou l'employé supplémentaire envoyé au Frioul par l'administration des postes lors des quarantaines importantes.

HYGIÈNE                                                                    2 *

BAINS. — Nous verrons, lorsque nous nous occuperons de la désinfection, qu'il existe à Pomègues des baignoires et des bains-douches à l'usage de quarantenaires. Mais alors même que les modifications dont nous parlerons plus loin seraient apportées à l'organisation du service sanitaire au Frioul, les bains n'en resteraient pas moins pour les passagers d'un accès difficile, en raison surtout de la distance. La création à Ratoneau de salles de bains et de bains-douches serait donc d'une incontestable utilité. Nous proposons d'installer dans le pavillon des services généraux 8 baignoires et 12 bains-douches, qui seraient ainsi accessibles aux passagers de toutes classes.

BUANDERIE. — Après chaque quarantaine, le lavage du linge est fait par les femmes des gardes, qui y trouvent l'occasion de réaliser un petit gain. Elles utilisent pour cela quelques bassins en ciment ou auges en pierre qui se trouvent près des citernes. Il existait une buanderie sur le plateau, mais elle est en si mauvais état qu'elle ne vaut pas la peine d'être réparée. Cependant, avec les besoins de plus en plus grands auxquels il semble que l'on ait à faire face, la création d'une buanderie s'impose. Nous proposons de la placer à côté des bains, en annexe du pavillon des services généraux. Les appareils de chauffage seraient communs aux deux établissements.

*Citernes.* — Il y a, au Frioul, un certain nombre de citernes dont l'aménagement est, au point de vue du puisage, absolument défectueux. Cette opération s'opère au moyen d'un seau suspendu à une poulie, système primitif qui expose l'eau aux souillures extérieures: c'est ainsi que, pendant la quarantaine du *Laos*, les passagers de 2e et 3e classe, qui ne disposaient pas de moyens suffisants pour procéder à leur toilette, se lavaient dans le seau même servant à monter l'eau et rejetaient ensuite cette eau dans la citerne.

Dans les pavillons de première, le puisage de l'eau nécessaire au service des chambres et des cabinets d'aisance constitue pour les gardes un travail long et pénible dont il ne leur est même pas possible de s'acquitter d'une façon satisfaisante. On s'explique, dans de pareilles conditions, les plaintes des passagers du *Laos* et du *Sénégal* au sujet de l'insuffisance de l'eau mise à leur disposition. Il serait facile d'améliorer sensiblement cet état de choses en adaptant une pompe à chaque citerne, ce qui pourrait être fait de suite et sans grands frais.

M. le directeur de la Santé de Marseille propose en outre la création sur le plateau d'une vaste citerne, d'où l'eau serait portée, avec une pression suffisante, dans tous les pavillons. Une autre citerne devrait être également établie derrière les nouveaux bâtiments, dont les toitures serviraient à l'alimenter. Il y aurait intérêt à ce que ce projet fût réalisé. Le manque d'eau est un des inconvénients qui se font particulièrement sentir au Frioul et toute mesure prise pour y remédier pourrait être comptée au nombre des plus utiles.

Faudrait-il préférer à des citernes nouvelles un appareil distillatoire tel que celui qui a été installé à Camaran, dans la mer Rouge, et qui aurait pour avantage de donner une eau plus pure et de ne pas subordonner l'alimentation en eau du lazaret aux pluies parfois rares au Frioul? Nous ne le pensons pas. Malgré l'absence de pluies pendant des périodes parfois assez longues, il n'y a pas de comparaison à établir à cet égard entre le Frioul et Camaran. D'autre part un appareil distillatoire avec le tuyautage pour le transport de l'eau dans les diverses parties du lazaret serait très dispendieux comme achat et installation. Cet appareil ne le serait pas moins au point de vue de l'entretien, puisqu'il nécessiterait, en outre des réparations et du combustible, la présence d'un ou deux mécaniciens ou chauffeurs. Enfin il ne rendrait pas moins indispensable l'existence de citernes ou de bacs pour emmagasiner l'eau distillée. Dans ces conditions, il semble, à tous points de vue, préférable de ne pas modifier le mode d'alimentation en eau du lazaret du Frioul et de se borner à l'améliorer par la création de citernes nouvelles et la réparation des anciennes.

*Logement du personnel.* — En dehors du concierge qui habite le bâtiment d'administration et du télégraphiste qui occupe un petit appartement dans celui des services généraux, un seul garde est logé (et à l'étroit) dans le pavillon qu'il est chargé d'entretenir (Fauvel). Les autres gardes demeurent avec leur famille dans deux bâtiments d'assez médiocre apparence, situés sur le plateau contre le mur d'enceinte.

Outre qu'ils paraissent assez mal installés, les gardes sont trop éloignés des pavillons qu'ils doivent entretenir. Aussi proposerons-nous de les loger, non dans ces pavillons mêmes (la chose peut avoir des inconvénients), mais, autant que possible, à proximité. On réserverait seulement dans chaque pavillon une pièce où le gardien coucherait pendant les quarantaines et qui servirait en même temps de bureau. Peut-être pourrait-on, pour ne pas augmenter inutilement le nombre des constructions, comprendre dans les pavillons des restaurants des logements pour les gardes et le personnel auxiliaire et ajouter au pavillon projeté des services généraux une annexe faisant le pendant de la buanderie.

*Cabinets d'aisance.* — Nous avons dit combien laissent à désirer, au point de vue de l'installation et plus encore du nombre, les cabinets d'aisance des pavillons actuels.

Il y aurait lieu d'apporter dans cette partie des bâtiments nouveaux une attention très particulière. On pourrait aussi construire, sur quelques points, au bord de la mer, des édicules analogues à celui qui existe à côté du pavillon central.

*Jeux.* — Les distractions manquent au Frioul et il semble que l'administration ait le devoir de procurer aux quarantenaires celles qu'elle peut leur donner, dans une mesure d'ailleurs très restreinte. Il faudrait, ainsi que nous l'avons demandé plus haut, aménager auprès des restaurants de première et de seconde un salon de lecture et de correspondance, où quelques jeux (dames, dominos, échecs, etc.) seraient mis à la disposition des passagers, et préparer autour des pavillons des emplacements pour les jeux de boules, de croquet, etc... Pour la troisième classe ce seraient les salles mêmes du restaurant qui serviraient de lieu de réunion aux passagers.

*Chemin de ronde.* — Actuellement, les bâtiments du Frioul sont séparés en cinq groupes par des murs de clôture :

Le pavillon de l'administration ;

Le pavillon Fauvel ;

Le pavillon des services généraux ;

Les pavillons Mélier et Blache ;

Le pavillon des dames et les hangars.

Pour se rendre du bâtiment d'administration au pavillon Blache par exemple, il faut traverser des enceintes successives qui devraient cependant rester indépendantes lorsque des quarantenaires y sont

internés. Il semble donc indispensable, surtout avec les constructions nouvelles que nous avons en vue, de réaliser un isolement
plus complet des divers pavillons et des terrains qui les entourent,
tout en leur ouvrant, sur un chemin de ronde, un dégagement qui
serait particulièrement utile pour le bon fonctionnement des services généraux. Ce chemin de ronde devrait être établi non sur le
bord de la mer pour ne pas masquer la vue, mais en arrière, sur
la partie qui longe le rocher.

*Servitudes militaires.* — Les îles du Frioul constituant pour
la défense de Marseille un point stratégique des plus importants,
le service sanitaire est obligé de donner satisfaction à certaines exi-
gences de l'autorité militaire et notamment de laisser aux officiers
et soldats le droit de passage sur la digue. Ce droit, il est vrai,
est subordonné à la présence au lazaret de quarantenaires, mais,
dans la pratique, l'usage en est assez difficile à régler.

Il y aurait donc intérêt à apporter à l'état de choses actuel une
modification très simple, qui aurait pour double avantage de permettre, presque en tout temps, aux soldats l'accès de la digue, et
de leur interdire complètement le plateau qu'ils sont aujourd'hui
obligés de traverser pour s'y rendre. Il suffirait, pour cela, d'obtenir
de l'autorité militaire la construction d'un chemin longeant le mur
extérieur depuis la porte actuelle du plateau jusqu'à la hauteur de
la digue (chemin que le génie établirait facilement et sans grands
frais), et de faire dans ce mur une ouverture nouvelle (1).

Une autre porte fermerait l'enceinte du lazaret du côté du plateau.

*Débarquement des équipages.* — Le plus ordinairement les équipages des navires infectés ne sont pas isolés au lazaret; ils restent à
bord, où ils sont employés à la désinfection. Avec eux y reste aussi
le personnel auxiliaire, cuisiniers, garçons et filles de service.

Lors de la quarantaine du *Sénégal*, le maintien à bord de l'é-
quipage a provoqué certaines observations dont nous ne mécon-
naissons pas la justesse. On s'est demandé pourquoi on retenait à
bord, d'après un usage auquel le service sanitaire local n'a fait dans
cette circonstance que se conformer, des gens ayant le même droit
que les passagers à quitter le milieu infecté.

---

(1) Cela serait d'autant plus aisé que le mur est entièrement démoli en cet endroit.

A cet égard, il convient, croyons-nous, de distinguer entre le *personnel auxiliaire* et l'*équipage proprement dit* : le personnel auxiliaire devrait, selon nous, être débarqué avec les passagers et continuer à les servir. Quant à l'équipage, il n'est pas moins intéressant, mais n'est-il pas naturel que, chargé de l'entretien habituel du navire, il concourre à sa désinfection. Il le fait, d'ailleurs, sous la direction du médecin et des agents du service sanitaire, c'est-à-dire avec les précautions voulues. Ajoutons, et M. le directeur de la Santé de Marseille (dont on connaît la grande expérience) insiste sur ce point, que ce travail, qui ne paraît avoir donné lieu jusqu'ici à aucun accident, occupe l'équipage et empêche peut-être les mutineries.

Cependant nous ne verrions que des avantages à ce que les officiers et les hommes de l'équipage *qui ne prendraient pas part à la désinfection* fussent débarqués.

*Logement des soldats.* — Dans quelles conditions les soldats doivent-ils être reçus au lazaret du Frioul?

Trois cas peuvent se présenter :

1° cas : Les soldats, revenant d'une expédition lointaine, sont rapatriés sur des bâtiments spéciaux (affrétés). Bien que le service de la Santé ait, en tout état de cause, à reconnaître l'état sanitaire de ces navires et à prescrire les mesures voulues, il ne semble pas qu'il ait à en assurer l'exécution par ses propres moyens, au cas où les navires seraient infectés. Il ne dispose pas, en effet, de locaux suffisants pour loger dans des conditions convenables 6 à 800 hommes. C'est donc, semble-t-il, à l'autorité militaire qu'il appartiendrait de les isoler, et le lazaret de Toulon, dont elle a actuellement la jouissance, se prêterait parfaitement à cet usage. Le département de l'intérieur, auquel ce lazaret appartient, est disposé à le céder définitivement à celui de la guerre, sous la réserve que les bâtiments seraient entretenus et toujours prêts à être utilisés.

2° cas : Des soldats, en nombre restreint, au-dessous de 100 par exemple, se trouvent à bord d'un navire infecté; ils doivent être assimilés à des voyageurs ordinaires et traités comme tels. Ce cas s'est présenté lors de la quarantaine du *Laos*. Mais, alors, une question s'est posée qu'il faudrait, une fois pour toutes, résoudre : À quelle classe de passagers les soldats doivent-ils être as-

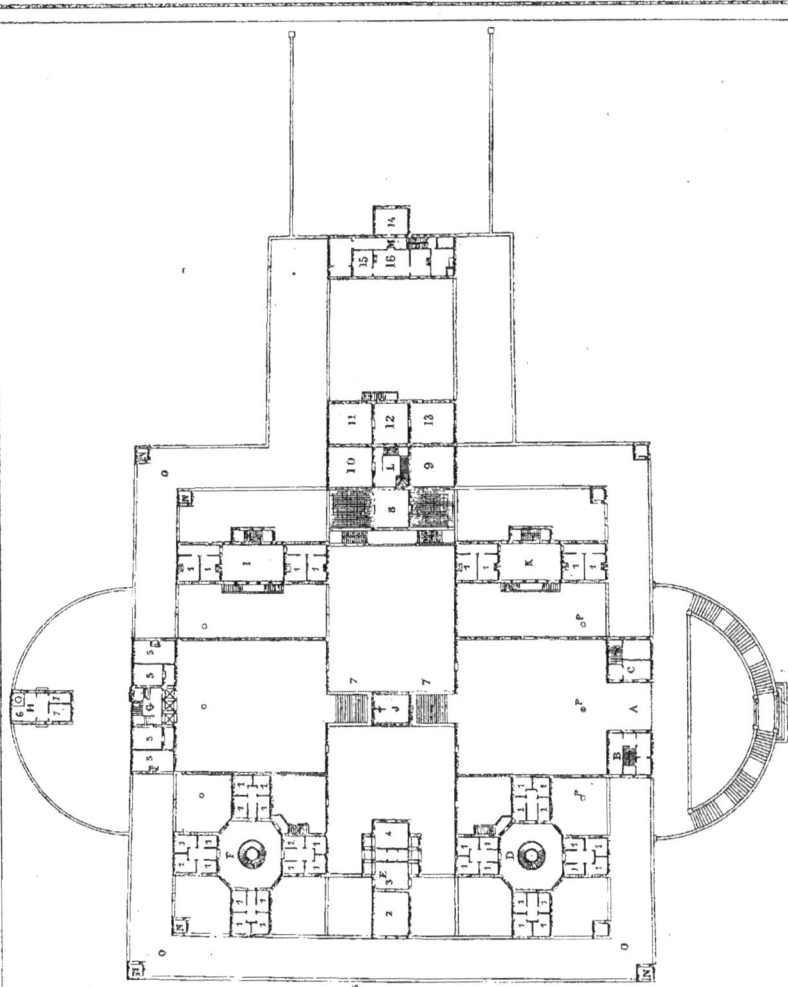

# LAZARET DES ILES DU FRIOUL
## (près Marseille.)

### HOPITAL DE RATONEAU

Plan du Rez-de-Chaussée.

LÉGENDE

BATIMENTS ET EXTÉRIEUR

A  Entrée principale au Nord
B  Préfet et concierge
C  Salle d'attente et préposé
D  Pavillon Batiment
E  Bains
F  Pavillon Chevalier Rose
G  Restaurant
H  Cuisine
I  Pavillon St Charles
J  Chapelle
K  Pavillon St Roch
L  Pavillon de l'administration
M  Pavillon de l'infirmerie
N  Latrines
O  Château de midi
P  Citerne

INTÉRIEUR DES BATIMENTS

1  Chambre
2  Buanderie
3  Bains
4  Salle d'autopsie
5  Salle à manger
6  Cuisine
7  Dépôt sous la chapelle
8  Entrée
9  Salle de prévent
10  Aumônier
11  Magasin
12  Pas perdu
13  Antichambre
14  Entrée Ouest
15  Oratoire
16  Vestibule pas perdu

similés? Nous répondrons : A la 3ᵉ classe, mais à la condition qu'ils seront l'objet d'une discipline spéciale, et qu'au cas où le nombre des lits serait insuffisant, ils n'en seraient pourvus qu'après les passagers civils (1).

3ᵉ cas : Des soldats atteints d'affections non contagieuses (paludéens, anémiés, fiévreux) peuvent se trouver en grand nombre parmi les passagers ; le fait est fréquent sur les navires venant de l'Extrême-Orient ou de Madagascar. Or, l'administration sanitaire ne dispose pas des moyens suffisants pour isoler, avec les soins voulus, 30 ou 40 malades.

C'est, dans ce cas encore, que le lazaret de Toulon pourrait rendre les plus grands services. Les malades y seraient envoyés à bord d'un navire spécial, ou transportés même, après le débarquement des passagers, sur le navire infecté, qui serait ensuite ramené au Frioul.

### 3° Hôpital de Ratoneau.

Bien qu'il soit une des parties importantes du lazaret, nous ne nous étendrons pas sur l'hôpital de Ratoneau, dont la disposition générale et l'aménagement sont satisfaisants. Mais il y a lieu d'appeler, de la façon la plus pressante, l'attention de l'administration sur le mauvais état dans lequel se trouvent quelques-uns des pavillons, notamment le pavillon Chevalier-Rose. *Il y a urgence* à effectuer dans ces bâtiments, aussitôt qu'ils seront libres, les réparations nécessaires. Si l'on tarde, il sera trop tard et c'est à une réfection totale que l'on devra alors procéder.

### 4° Service de la désinfection.

Le service de la désinfection a été récemment l'objet d'améliorations importantes. Il est installé dans l'île de Pomègues, c'est-à-dire du côté opposé à celui où sont logés les passagers. Ce service se compose de trois parties :

a) *Les appareils de désinfection.* — Les étuves, au nombre de 4, dont 2 du système Geneste et Herscher, et 2 du système Leblanc, ont été installées d'après les avis les plus autorisés. Leur

---

(1) Nous souhaiterions également qu'il ne soit pas vendu d'alcool aux soldats, ou seulement en quantité limitée. Lors de la quarantaine du *Laos*, la discipline a fortement laissé à désirer chez les soldats rapatriés.

fonctionnement est contrôlé par le médecin de service et par le directeur de la Santé qui se fait envoyer chaque jour les *mouchards*.

Le service possède également plusieurs pulvérisateurs Geneste et Herscher et 3 mélangeurs dosimétriques Laurans. Ces appareils sont en bon état.

*b*) *Les bains* récemment installés comprennent des baignoires et des bains-douches. Les cabines ont des ouvertures sur des couloirs différents.

*c*) *Les hangars* sont très vastes. Les solutions désinfectantes y sont amenées par une conduite souterraine sur laquelle viennent s'adapter dix lances à pulvérisateurs pour la désinfection des marchandises et des bagages.

En principe les passagers doivent quitter par groupes le navire infecté et être débarqués à Pomègues, où ils prennent un bain ou un bain-douche. Leurs effets sont désinfectés ainsi que les bagages qu'ils gardent avec eux et dont ils auront besoin pendant leur réclusion forcée. Ce n'est qu'après cette opération qu'ils doivent être conduits aux bâtiments qui leur sont affectés.

Diverses améliorations nous paraissent devoir être apportées à l'établissement de désinfection.

*Création de salles d'attente.* — La création de trois salles d'attente très simples, faciles à désinfecter et pourvues de moyens de chauffage, où les passagers des trois classes attendraient leur tour de prendre un bain ou une douche, rendrait plus facile l'exécution des mesures individuelles de désinfection lors du débarquement. Ces salles seraient plus utiles encore aux émigrants.

*Mesures prises à l'égard des émigrants.* — Les émigrants, notamment les émigrants syriens qui traversent la France pour se rendre en Amérique, constituent une catégorie de passagers particulièrement suspects. Aussi l'administration a-t-elle pris à leur égard des mesures spéciales : ils ne peuvent quitter Beyrouth, seul port où leur embarquement soit autorisé, qu'après avoir subi une visite médicale individuelle et pris une douche avec lavage au savon pendant laquelle tous leurs vêtements et effets divers sont passés à l'étuve. Le nombre des émigrants embarqués ne peut dépasser 250 par navire et le bâtiment qui les transporte doit être muni d'une étuve, d'un local d'isolement éventuel et d'une provision de sérum antipesteux. En cours de route, les mesures de prophylaxie que comporte l'état du bord sont prises sous la surveillance du médecin sanitaire maritime. A l'arrivée, les émigrants subissent de nouveau la visite médicale individuelle ; ils prennent un bain-douche et tous leurs vêtements et effets divers sont de nouveau passés à l'étuve.

Mais pour permettre, surtout pendant la saison froide, l'exécution de ces dernières mesures, il est indispensable d'aménager sous les hangars, à proximité des bains, les trois salles dont nous avons parlé plus haut.

Dans la première, les émigrants des deux sexes attendraient leur passage à la douche. Dans les deux autres, les hommes et les femmes séparés attendraient, après s'être lavés, leur rembarquement. On mettrait à leur disposition des peignoirs de laine pendant la désinfection à l'étuve de tous leurs vêtements : ils se rhabilleraient dans ces mêmes salles, où leurs effets leur seraient rapportés.

*Agrandissement de la citerne.* — Il n'existe à Pomègues qu'une seule citerne, placée du côté de la digue. Vu la consommation considérable d'eau occasionnée par les bains et les appareils à désinfection, cette citerne est insuffisante. C'est ainsi qu'au moment de l'isolement du *Laos*, le service sanitaire a dû faire venir de Marseille pour 400 francs d'eau. Il serait nécessaire d'agrandir cette citerne et de placer des gouttières aux toitures des hangars, afin de recueillir complètement et d'une façon plus propre l'eau qu'elles reçoivent. Actuellement cette eau tombe sur le sol (recouvert il est vrai d'une sorte de trottoir en briques) et une partie seulement s'écoule dans la citerne en entraînant des détritus divers et des débris organiques.

*Établissement d'une voie Decauville.* — L'établissement d'une voie Decauville depuis l'extrémité du grand hangar de Pomègues jusqu'aux nouveaux pavillons à construire à Ratoneau serait très utile. Le transport des bagages le long de la digue pourrait ainsi être fait aisément au moyen d'un ou deux wagonets.

CHAPITRE II. — LE FRIOUL ENVISAGÉ COMME STATION DE DÉSINFECTION.

1° — *Organisation actuelle.* — *Ses inconvénients.*

Nous avons dit que l'établissement sanitaire du Frioul a actuellement une double destination : comme lazaret, il reçoit les navires contaminés, leurs passagers et leurs équipages; comme station de désinfection, il est le point de relâche des navires indemnes ou suspects, qui y subissent la visite médicale et les mesures de prophylaxie prescrites par les règlements.

Or, pour répondre à ce *double* objet, il n'existe au Frioul qu'un personnel *unique* et qu'une *seule* installation. Il en résulte que ce personnel qui serait à peine suffisant pour assurer l'entretien du lazaret, est habituellement employé à la désinfection à bord des navires et que les locaux où l'on transporte, pour les passer à l'étuve, le linge sale, la literie et autres objets susceptibles provenant de ces navires de passage, servent aussi à la désinfection des navires en isolement. Le fonctionnement du service doit dans l'un ou l'autre cas laisser forcément à désirer. C'est ainsi que les passagers des bateaux en quarantaine, au lieu d'être débarqués à Pomègues pour y prendre un bain et subir la désinfection de leurs effets et de leurs bagages avant d'être installés au lazaret, ont dû, le plus souvent, être débarqués directement à Ratoneau, parce que les hangars étaient encombrés d'objets provenant de navires indemnes ou suspects que l'on ne pouvait exposer au contact de colis provenant d'un navire notoirement infecté. C'est pour le même motif que les passagers n'ont pas toujours pu, durant les quarantaines, être conduits aux bains situés à proximité des appareils à désinfection.

Tant que cet état de choses, contre lequel proteste de la façon la plus énergique le directeur de la Santé de Marseille, M. le Dr Catelan, n'aura pas été modifié, les mêmes inconvénients subsisteront et les services de la désinfection et des bains, si bien aménagés cependant, seront, dans la majorité des cas, inutilisables pour les passagers en isolement.

Quant aux agents sanitaires et surtout aux gardes qui sont journellement distraits de leurs fonctions au lazaret pour être employés à la désinfection à bord des navires de passage, au point que ce travail est devenu leur principale occupation, ils sont dans l'impossibilité d'entretenir convenablement les pavillons et le mobilier et d'être prêts, en tout temps, à recevoir des quarantenaires.

Il est donc indispensable de décharger, le plus tôt possible, de ce service accessoire le personnel du lazaret, et de rendre les bâtiments de Pomègues à leur destination véritable, la désinfection des effets et marchandises provenant des navires contaminés en isolement au Frioul.

## 2°. — *Organisation proposée.*

Où serait faite alors la visite médicale des navires de provenance suspecte ? Où procéderait-on aux mesures de désinfection ordonnées par les règlements ?

On avait pensé que ces opérations pourraient être effectuées à l'Estaque, localité voisine de Marseille (1) et abritée contre les vents. On aurait créé, sur un point de la côte relativement isolé, une station de désinfection.

Ce projet a été étudié mais nous ne pensons pas qu'il y ait lieu d'en poursuivre la réalisation, pour les motifs suivants :

1° La population si impressionnable de Marseille n'accepterait pas sans de vives protestations la création d'une station sanitaire sur un point de la côte aussi voisin, relié à la ville par un service régulier de tramways, et où se rendent, chaque dimanche, de nombreux promeneurs. Nous pensons, d'ailleurs, en ce qui nous concerne, que ces craintes ne seraient pas sans fondement.

2° Les compagnies de navigation (sauf peut-être celle des Messageries maritimes qui, par les vents N.-O., fait débarquer ses passagers à l'Estaque) protesteraient contre le détour imposé à leurs navires et la perte de temps qui en résulterait.

3° Enfin, en outre des difficultés et des dépenses d'installation qui seraient très grandes, la création sur ce point d'une station sanitaire, éloignant des autres une partie importante du service déjà bien morcelé, en rendrait plus onéreux le fonctionnement et plus difficile la surveillance.

Une autre solution paraît préférable :

Actuellement, les navires de provenance suspecte qui s'arrêtent au Frioul entrent dans le port du lazaret, à moins qu'il ne s'y trouve des bateaux contaminés. Dans ce cas, ces navires, après avoir rempli les formalités d'arraisonnement, attendent dans la rade du Frioul

(1) Rappelons que M. le Dr Catelan avait proposé, il y a deux ans, de faire, dans le port même de Marseille, la visite médicale et la désinfection des navires de provenance suspecte. Ces opérations auraient été effectuées à bord d'un ponton aménagé *ad hoc* et le long duquel serait venu se ranger le navire. Dans les circonstances actuelles, ce projet ne saurait être repris.

l'exécution des mesures prescrites par le règlement du 4 janvier 1896. Le médecin de la Santé se rend à bord pour la visite des passagers et de l'équipage, assisté d'un officier de la Santé et de gardes qui procèdent à la désinfection sommaire de certaines parties du bâtiment. Le linge sale, les effets à usage et les objets de literie ou autres dont le règlement prescrit la désinfection sont emportés par un remorqueur pour être passés à l'étuve. Le navire n'en attend d'ailleurs pas le retour ; aussitôt admis à la libre pratique, il gagne Marseille, où les objets sont ramenés directement quelques heures après.

Puisque les navires, alors même qu'ils n'entrent pas dans le port du Frioul, *ce qui est et doit rester l'exception*, peuvent subir en rade les mesures de désinfection réglementaires, ne semble-t-il pas que la création d'une station au Frioul serait la solution la plus satisfaisante?

Il existe, à l'entrée du port, du côté où se trouvent les bâtiments de désinfection du lazaret, un vaste emplacement qui se prêterait fort bien à l'installation dont il s'agit. Le terrain, il est vrai, appartient à la guerre, mais elle en a déjà mis, à titre de prêt, une partie à la disposition du service sanitaire et il y a tout lieu de croire que cette administration, à laquelle nous avons concédé bénévolement le lazaret de Villefranche et l'usage gratuit de celui de Toulon, ne se refuserait pas à nous donner, en toute propriété, un emplacement qu'elle n'utilise pas.

Il serait nécessaire d'y élever deux bâtiments, l'un pour l'installation des services de désinfection, l'autre pour le logement du médecin, des officiers de santé et des gardes. Le premier bâtiment devrait comprendre un bureau d'arraisonnement divisé en deux parties (qui remplacerait celui de Ratoneau), un magasin, un vaste hangar pour les objets considérés comme suspects, deux ou trois étuves fixes (1), et un hangar de mêmes dimensions que le premier pour les objets désinfectés. Une double voie Decauville partant du quai ou de l'appontement (dont la construction est également nécessaire) amènerait les objets au premier hangar et les ramènerait après leur passage à l'étuve.

*Laboratoire de bactériologie.* — Un laboratoire de bactériologie a été provisoirement installé au Frioul dans la partie du bâtiment

---

(1) On pourrait utiliser l'étuve qui est dans le petit hangar de Ratoneau et, si nos propositions concernant le lazaret de Toulon n'étaient pas adoptées, on pourrait se servir également de celle qui se trouve dans cet établissement et qui n'est pas employée.

de l'administration réservée aux médecins. Ce laboratoire ne saurait rester dans des conditions aussi dangereuses ; il importe de l'isoler au plus tôt. A cet égard on ne pourrait trouver un meilleur emplacement que celui où s'élèverait la station de désinfection.

Il suffirait de construire un petit pavillon sans étage, comprenant deux pièces, affectées l'une au médecin chargé des recherches bactériologiques, l'autre au garde attaché au laboratoire. Le pavillon serait entouré d'un mur ou d'une barrière.

Ainsi serait organisée la *station de désinfection* absolument distincte du lazaret. Cependant, quelque distincts que doivent être en principe ces deux établissements, ils pourraient, en raison de leur proximité, se prêter, si les besoins du service l'exigeaient, un mutuel appui. En outre, la station de désinfection profiterait des moyens de communication existant entre le Frioul et Marseille, téléphone, télégraphe, service régulier de la chaloupe, etc... (chose appréciable au point de vue de l'économie). Enfin, la réunion sur un même point des deux établissements en rendrait la surveillance plus facile.

### 3°. — *Passeports sanitaires.*

C'est au Frioul que sont délivrés aux passagers les passeports sanitaires prévus par les articles 57 et 58 du règlement du 4 janvier 1896. L'exécution de cette mesure appelle toute l'attention de l'administration supérieure.

Le passeport sanitaire a pour objet de maintenir sous une surveillance médicale la personne qui en est porteur pendant un temps correspondant à la durée de la période d'incubation de la maladie redoutée. En d'autres termes, le passeport est, sous une forme plus douce, l'équivalent de l'observation au lazaret et il doit présenter des garanties analogues.

A Marseille, en raison de l'insuffisance du personnel sanitaire et afin d'éviter au navire un retard plus ou moins considérable, c'est le commissaire du bord qui procède à l'établissement des passeports sur des formules remises à cet effet par le service de la Santé lors de l'arraisonnement, et qui les distribue aux passagers. Les cartes d'avis destinées aux maires sont remplies à la consigne sanitaire d'après la liste fournie par le commissaire.

Il ne semble pas que les passeports ainsi délivrés donnent une sécurité suffisante, les passagers étant libres d'indiquer un nom et une adresse de fantaisie. Mais peut-on les obliger à faire la preuve de leur identité et à désigner d'une façon précise l'endroit où ils se rendent, alors que certains ignorent l'hôtel où ils descendront? Ne serait-ce pas exercer, sous le prétexte sanitaire, une véritable inquisition et transformer les agents de la Santé en agents de police?

Sans espérer que les passeports présenteront jamais toutes les garanties qu'ils semblent en théorie devoir procurer, nous pensons que la délivrance pourrait en être réglée de façon à rendre la mesure plus utile : que les passeports soient établis à l'avance par le commissaire du bord (1), nous n'y voyons aucun inconvénient ; c'est du temps gagné. Mais ils devraient être *contrôlés et signés* par l'officier de la Santé, qui ne les délivrerait aux titulaires qu'après s'être assuré de l'identité des personnes auxquelles il les remettrait. Ce serait parfois difficile sans doute ; il ne paraît pas cependant impossible d'exiger la production de pièces telles que celles que réclame l'administration des postes pour payer un mandat, et dont il faudrait se contenter. Dans le cas où les intéressés se refuseraient à donner des preuves de la personnalité qu'ils s'attribuent, l'administration ne serait-elle pas fondée à les retenir en observation jusqu'à l'expiration du délai applicable au navire?

L'officier de la Santé devrait en outre se renseigner très exactement sur la destination des passagers, qui peuvent toujours fournir des indications permettant de les retrouver. Ne sont-ils pas d'ailleurs tenus de présenter où de faire présenter dans les vingt-quatre heures le passeport à la mairie de la commune dans laquelle ils se rendent, sous peine d'un emprisonnement de trois à quinze jours et d'une amende de 5 à 50 francs? Il est vrai que l'exécution de cette dernière prescription suppose un concours plus actif des municipalités. On pourrait à l'occasion leur rappeler combien elles sont elles-mêmes intéressées à l'application des mesures sanitaires.

---

(1). Les compagnies recevraient des formules en nombre suffisant pour que les commissaires puissent établir les passeports pendant la traversée toutes les fois qu'ils supposeraient la chose nécessaire.

CHAP. III. — PERSONNEL DU FRIOUL.

Le personnel se compose d'un préposé, de neuf gardes et d'un mécanicien étuviste. Trois gardes remplissent les fonctions de concierges au lazaret, à l'hôpital Ratoneau et à la vieille infirmerie de Pomègues, un est affecté au télégraphe; les autres sont continuellement occupés, ainsi que nous l'avons vu, par l'exécution des mesures appliquées aux navires de provenance suspecte. (Nous ne parlerons pas ici du personnel médical.)

La question du personnel des lazarets est une des plus difficiles qu'ait à résoudre l'administration de la Santé : pendant des mois, des années, aucun navire contaminé ne se présente; les agents sont à peu près inoccupés, et, par mesure d'économie, on en garde le moins possible. Tout d'un coup, un bâtiment arrive avec 200, 300 ou 400 passagers, et, en quelques heures, il faut, pour assurer le service dans ces pavillons où l'eau même fait défaut, un nombre décuple d'employés.

On cherche alors des auxiliaires : que trouve-t-on ? Des individus errant, sans emploi, sur les quais de Marseille et qui n'ont aucune notion du travail auquel on les destine. Ces serviteurs improvisés sont cependant payés 5 francs par jour, et, malgré cela, on les recrute difficilement, parce que beaucoup redoutent la contagion et ne veulent, à aucun prix, accepter des occupations qu'ils jugent dangereuses.

Les difficultés sont donc très grandes; nous ne les croyons pas toutefois insurmontables et nous pensons que l'on pourrait parer aux inconvénients signalés en modifiant de la manière suivante l'organisation du personnel affecté, à titre permanent ou temporaire, au lazaret du Frioul. Ce personnel comprendrait :

1° *Un médecin-chef* qui résiderait en temps ordinaire au Frioul et remplacerait à Marseille le directeur de la Santé en cas d'absence ou d'empêchement.

Ce médecin aurait autorité sur tous les agents du lazaret et de la station de désinfection. Il assurerait le service de la station, assisté, suivant les besoins, d'un ou plusieurs médecins de la Santé. En cas d'isolement, il dirigerait l'application des mesures et en assumerait la responsabilité;

2° *Un capitaine du lazaret*, placé sous l'autorité du médecin-chef, et chargé spécialement de la police du lazaret, de la direction des gardes, de l'entretien des bâtiments et du matériel, en un mot, de toute la partie administrative;

3° *Un concierge* logé dans le bâtiment d'administration et préposé au téléphone;

4° *Un agent* préposé au télégraphe et remplissant en temps ordinaire les fonctions d'agent comptable;

5° *Des gardes* en nombre suffisant pour que chacun des pavillons du lazaret et de Ratoneau ait son gardien, lequel, au moment des quarantaines, dirigerait les employés auxiliaires. On objectera qu'en temps ordinaire ces gardes seraient peu occupés par l'entretien d'un seul pavillon. Aussi voudrions-nous que chacun d'eux se spécialisât dans un genre de travail, de façon à assurer d'une façon économique l'entretien des bâtiments : l'un blanchirait les murs, un autre surveillerait l'état des toitures, un autre referait les matelas, un autre s'occuperait du magasin général, etc... Nous ne prétendons pas que ces ouvriers improvisés pourraient suffire d'une façon absolue à l'entretien des bâtiments; mais ce serait un avantage appréciable de diminuer les frais que cet entretien entraîne, en occupant d'une manière utile le personnel ordinaire des gardes (1).

La direction de ces travaux appartiendrait tout naturellement au capitaine du lazaret.

6° *Un mécanicien et un aide*.

En ce qui concerne le *personnel supplémentaire* éventuellement nécessité par l'isolement des passagers, M. le directeur de la Santé de Marseille propose d'en confier le recrutement à un soumissionnaire qui aurait également l'entreprise des restaurants, et s'engagerait à faire face, dans le moindre délai possible, à tous les besoins du service. Les avantages qu'il pourrait retirer de cette combinaison consisteraient dans les bénéfices de l'exploitation des restaurants et des comptoirs de vente (suivant les prix tarifés). Mais ces bénéfices

---

(1) C'est d'ailleurs ce qui existe aujourd'hui pour deux des gardes; mais, très occupés par le service ordinaire, ils n'ont pas le temps de travailler au lazaret.

C'est aussi en faisant travailler les gardes que M. le Dr Catelan a pu, avant la période épidémique actuelle, faire faire, sans qu'il en coûtât un centime à l'administration, tous les chemins et terrassements du lazaret.

étant éventuels, il devrait recevoir en outre une indemnité annuelle fixe, destinée à le couvrir des frais que lui imposerait, en tout état de cause, la tenue de ses engagements. Au cas où ceux-ci n'auraient pas été remplis, l'administration retiendrait tout ou partie de l'indemnité consentie.

Ainsi, au lieu de recruter elle-même, à grands frais, sur les quais de Marseille, un personnel tout à fait insuffisant, l'administration sanitaire, lors de l'arrivée au Frioul d'un navire contaminé, préviendrait le soumissionnaire. Celui-ci, qui pourrait être par exemple un grand restaurateur de Marseille, disposant d'un nombreux personnel et en relation avec les bureaux de placement, expédierait au Frioul, à la première réquisition, le nombre de cuisiniers, aides, garçons et filles de service qui lui seraient demandés et dont il aurait pu, à l'avance, s'assurer le concours.

Bien entendu, le matériel nécessaire serait, comme aujourd'hui, fourni par l'administration, et la chaloupe du service assurerait le transport au Frioul du personnel et des approvisionnements.

Cette proposition nous paraît présenter de très grands avantages; néanmoins, nous ne souhaiterions de la voir adopter, au moins dans la généralité des cas, que pour le service du restaurant et le recrutement des journaliers. Quant aux garçons et femmes de chambre, pourquoi n'utiliserait-on pas ceux du bord?

Il paraît que, dans certaines circonstances tout au moins, les passagers, désireux de conserver le moins possible de rapports avec le navire infecté, ont refusé leurs services. (1) Ces appréhensions ne semblent pas fondées et ne méritent pas qu'on s'y arrête. Aussi pensons-nous qu'il faudrait, après entente avec les compagnies, décider que les domestiques, débarqués immédiatement après les passagers, continueraient leur service auprès de ceux-ci, sous les ordres du capitaine du lazaret.

Tout le monde y trouverait son avantage : le personnel auxiliaire, qui ne resterait pas, comme aujourd'hui, à bord d'un navire infecté; les passagers, qui seraient plus convenablement servis, et l'administration, qui n'aurait pas à recruter et à payer des auxiliaires.

---

(1) Cela s'est passé notamment pour le *Sénégal*. Mais, dans ce cas, les domestiques n'avaient pas été débarqués en même temps que les voyageurs et ils pouvaient avoir reçu, depuis le départ de ceux-ci, des germes d'infection.

*Le personnel attaché à la station de désinfection* devrait comprendre un ou deux officiers de la Santé, plusieurs gardes, un mécanicien et un aide. Ce personnel serait augmenté suivant les besoins.

*Règlement.* — Il nous paraît indispensable que la réorganisation du lazaret du Frioul soit complétée par l'établissement d'un règlement s'appliquant au lazaret proprement dit, à l'hôpital Ratoneau et à la station de désinfection. Ce règlement préciserait les attributions et obligations du personnel, médecins, officiers de la Santé et gardes, les conditions dans lesquelles ils doivent s'acquitter de leurs fonctions, les obligations auxquelles sont soumis les passagers et les équipages des navires en isolement, les mesures destinées à assurer la police du lazaret, etc. Le règlement actuel date de 1858.

## DEUXIÈME PARTIE

### LE SERVICE SANITAIRE A MARSEILLE.

#### 1. *Organisation du service.*

La direction de la Santé de Marseille est la plus importante des six directions entre lesquelles est partagé le littoral français. Le fonctionnaire placé à la tête de ce lourd service est non seulement chargé d'assurer la police sanitaire du plus grand de nos ports, mais il doit donner ou transmettre des instructions aux agents des Alpes-Maritimes, du Var, des Bouches-du-Rhône, du Gard, de l'Hérault, de l'Aude et des Pyrénées-orientales, qui relèvent de son autorité.

A Marseille même, le service se complique de la distance qui sépare les uns des autres les divers établissements de la Santé et principalement le lazaret du Frioul, situé à plus de 3 kilomètres en mer. La surveillance du lazaret, où se font les principales opérations sanitaires, présente donc pour le directeur de grandes difficultés. Il ne saurait s'y rendre fréquemment, obligé qu'il est de se tenir en contact avec la préfecture, les différentes administrations et les compagnies. Aussi serait-il indispensable qu'il eût au Frioul, dans la personne d'un médecin-chef, un représentant autorisé.

Les bâtiments de la Santé à Marseille sont au nombre de trois : la Consigne sanitaire, quai Saint-Jean, et les bureaux de la Joliette et du Bassin national où se font les arraisonnements. Dans chacun de ces bureaux se tient en permanence un officier de la Santé, et dans le premier un médecin.

### 2° Destruction des rats et déchargement des navires sous surveillance.

Le déchargement des navires sous surveillance n'avait pu être effectué à Marseille jusqu'au mois d'octobre dernier dans les conditions sanitaires prescrites par les instructions du 1er octobre 1900, instructions qui ont pour objet de prévenir la propagation de la peste par les rats. Les cas observés à bord de plusieurs navires, notamment du *Sénégal* et de la *Ville de la Ciotat*, et dont on ne peut expliquer l'origine que par la contamination des rats, ont démontré la nécessité de poursuivre d'une façon plus rigoureuse la destruction de ces animaux.

Une nouvelle circulaire, en date du 26 septembre 1901, a rappelé aux directeurs de la Santé les instructions du 1er octobre 1900, en même temps qu'elle prescrivait la désinfection par l'acide sulfureux des cales de tout navire, même indemne, provenant d'une région contaminée de peste.

Ces mesures sont aujourd'hui appliquées à Marseille sans aucune difficulté. Les compagnies comprennent qu'elles sont les premières intéressées à la défense de nos ports et prennent leur parti du retard qu'entraînent pour la navigation les dispositions prises. Ce retard est de trente heures environ, temps nécessaire à la sulfuration et à la ventilation des cales. Il faut y ajouter la perte de temps qui résulte de l'impossibilité de commencer un nouveau chargement en même temps que le déchargement s'opère.

A Marseille, la surveillance des navires en déchargement sanitaire est confiée à un des médecins de la Santé, qui, chaque matin, monte à bord, se fait rendre compte par le médecin du bâtiment de l'état sanitaire de l'équipage et des déchargeurs, et s'assure des conditions dans lesquelles la sulfuration s'opère. Dix agents auxiliaires, recrutés autant que possible parmi d'anciens marins, remplissent sur ces navires les fonctions de gardes. Les procès-verbaux des opérations de déchargement et de sulfuration, avec mention du nombre des rats détruits, sont envoyés au ministère de l'intérieur.

Le médecin veille aussi à ce que les amarres soient garnies de balais ou de disques. La direction de la Santé a également recommandé aux compagnies de surveiller, au point de vue des rats, les mahonnes et chattes sur lesquelles s'opère le déchargement, et de détruire dans leurs entrepôts le plus grand nombre possible de ces rongeurs. Il serait à souhaiter qu'au lieu d'être faite après le déchargement la sulfuration fût pratiquée *avant*, de façon à détruire les rats avant qu'ils aient pu quitter le navire, soit avec les marchandises, soit au moment où celles-ci sont débarquées. C'est une amélioration essentiellement désirable et l'Administration sanitaire ne doit rien négliger pour la réaliser ; on ne saurait se dissimuler toutefois les difficultés que présente la solution pratique du problème.

Chaque jour le médecin chargé des examens bactériologiques examine un certain nombre de rats prélevés parmi ceux qui ont été capturés soit à bord des navires, soit sur les quais et dans les entrepôts de Marseille. On en envoie également chaque semaine de La Ciotat, où la Compagnie des Messageries maritimes a ses chantiers. De la sorte l'administration exerce une surveillance continuelle sur l'état sanitaire des rats.

## TROISIÈME PARTIE

### MESURES PRISES PAR LA MUNICIPALITÉ DE MARSEILLE.

#### 1° Destruction des rats.

Sur le désir exprimé par l'inspection générale des services sanitaires, M. le maire de Marseille a pris un arrêté allouant une prime de 10 centimes par rat et 5 centimes par souris apportés aux établissements municipaux de désinfection. La même mesure avait été prise il y a deux ans et avait donné des résultats.

Les municipalités de La Ciotat et de Cette ont été sollicitées de suivre l'exemple de Marseille.

## 2° *Isolement éventuel des pesteux.*

Conformément à la demande qui lui en a été également faite par l'inspection générale, la municipalité de Marseille, d'accord avec la commission administrative des hôpitaux et hospices, a pris les mesures suivantes : la propriété Salvator a été affectée à l'isolement éventuel des personnes atteintes de peste ; des lits, dont le nombre peut être porté à 40 et même davantage, sont installés dans le bâtiment principal, où seraient également logés un interne, un ou deux externes et des infirmiers ; la cuisine serait faite au rez-de-chaussée, affecté aux services généraux. Le médecin et les infirmières habiteraient la maison de ferme, située à peu de distance et également isolée. Dans le pavillon des écuries est placée une étuve à désinfection ; une salle est affectée au dépôt des morts et aux autopsies.

Cette installation paraît devoir répondre d'une façon satisfaisante aux besoins auxquels la ville pourrait avoir à faire face.

Les malades seraient transportés à la villa Salvator dans les voitures du service municipal.

## 3° *Isolement éventuel des personnes ayant approché des pesteux.*

En Angleterre et dans les colonies anglaises notamment, ces personnes sont soumises à un isolement absolu ou relatif, ayant pour objet de rendre la surveillance sanitaire plus aisée.

Pourrait-on faire de même en France ?

Il ne semble pas que la loi du 3 mars 1822, d'ailleurs bien peu applicable aujourd'hui, en donne le droit. Les maires peuvent-ils le puiser dans les pouvoirs que leur confère la loi de 1884 ? M. le maire de Marseille ne l'a pas pensé. En tout cas la question ne paraît pas encore avoir été de la part de l'administration l'objet d'une étude approfondie. Il semble qu'il y aurait lieu de l'examiner, sans attendre d'y être amené par les circonstances.

CONCLUSIONS

## CONCLUSIONS

Des faits et des considérations exposés dans ce rapport, il nous paraît résulter qu'il y aurait lieu d'apporter au service sanitaire de Marseille les améliorations suivantes indiquées d'après leur degré d'urgence :

1º Réparation urgente de l'hôpital Ratoneau.

2º Établissement au Frioul *d'une station de désinfection* distincte du lazaret et pourvue d'un personnel suffisant.

3º Augmentation et réorganisation du personnel du lazaret. Recrutement du personnel auxiliaire.

4º Réparation et mise en état des pavillons existants.

5º Construction de pavillons nouveaux, d'une buanderie, de cabinets d'aisance, de logements pour le personnel, établissement d'un chemin de ronde, etc.

La mise à exécution de ces divers *desiderata* est évidemment subordonnée au vote de crédits qu'il sera nécessaire de demander au Parlement, mais certaines améliorations cependant devraient être réalisées de suite. Nous les avons placées en tête de notre programme.

*Le présent rapport a été présenté au Comité consultatif d'hygiène publique de France, qui en a approuvé les conclusions, en assemblée générale, le 24 mars 1902.*

MELUN. IMPRIMERIE ADMINISTRATIVE. — M 847 S